漢詩百選

한시 백선

원상연

도서출판 코레드

緒 言

　말은 짧아도 뜻은 의미심장한 한시는 분명히 우리 조상의 숭고한 얼이 담긴 훌륭한 선비 문화의 유산이다. 다만, 입맛 까탈스러운 시어머니 식성처럼 무척이나 까다롭고 복잡한 시규(詩規) 때문에, 한학자라고 해서 섣불리 덤벼들 장르가 아니다. 아무리 한문에 박식하더라도 한시 작법은 별도로 공부를 해야 하기 때문이다. 물론 한학에 조예가 깊으면 훨씬 더 쉽게 접근할 수 있다는 건 사실이겠으나, 한글을 터득했다고 해서 누구나 문장가가 되거나 아무나 명시를 쓸 수 있는 게 아니듯이, 한시 역시 한자 문장 구성 능력은 말할 것도 없거니와, 그에 따른 시적 감각까지 뒷받침이 되지 않고선, 품격 있고 감동적인 시를 쓸 수 없다는 얘기다. 필자는 선친께서 한학자이셨기에 다행히 어릴 때부터 자연스럽게 한자를 많이 접하게 되어, 어깨너머로 배운 짧은 한문 실력으로 중학교 때 이미 상갓집 조객록과 부의록 등을 감당하고, 김삿갓 시를 흥얼거리며 제법 자작 한시 —비록 요체이긴 했으나—를 끄적거릴 수 있었던 것도 내겐 행운이라고 할 수 있겠다.

　이에 그 동안 틈틈이 갈무리해 온 자작 한시 100편을 엄선하여 세상에 내놓게 되었으나, 영국의 소설가이자 비평가인 버지니아 울프(Virginia Woolf)가 "유머는 외국어로 옮겨지면 망하는 재능 중에 으뜸가는 것이다."라고 했듯이, 한시 역시 각 글자의 심오한 뜻을 모르고선 그 진미를 제대로 이해할 수 없게 된다. 따라서 일단 번역을 하면 묘미가 반감될 수밖에 없다.

　여담이 되겠으나, 한시 풀이에 대한 재미있는 일화가 있는데, 한나라 원제 때 궁녀였던 왕소군(王昭君/落雁)은, 양귀비·서시·초선과 함께 중국 4대 미녀 중의 한 사람으로, 전쟁을 막기 위한 화친 정책의 일환으로 흉노의 선우호한사에게 바쳐져, 일생을 오랑캐 땅에서 희생하게 된 그녀의 비통한 심정을, 훗날 중국의 어느 옛 시인이 "胡地無花草 春來不似春 : 오랑캐 땅에 화초가 없다하니, 봄이 와도 봄 같지가 않구나)"이라는 유명한 시구를 남기게 되었다.

　훗날 조선조 때 어느 시골 원님이 '胡地無花草'라는 과제(科題)를 내걸고 향시를 보게 되었는데, 이 과시(科試)에 응시한 어느 서생이 오언절구의 기·승·전·결구를 모두 "胡地無花草 / 胡地無花草 / 胡地無花草 / 胡地無花草"라고 해서 장원급제에 등과되었다고 한다. 풀이한 내용인즉슨, "오랑캐 땅이라 화초가 없다 하나 / 오랑캐 땅이라고 해서 화초가 없으랴 / 어찌 땅에 화초가 없으랴만 / 오랑캐 땅이라 화초가 없다 하네"였다고 한다. 이렇듯 한시는 직역으로 풀이하기도 하고, 의역으로 풀이하기도 하는 등, 다양하게 해석될 수가 있어 논란의 여지가 있는 것도 사실이나, 여기선 한자에 익숙지 못한 한글세대를 위하여 주로 의역으로 적당히 풀어 써 놓았음을 너그러이 양지해 주시기 바랄 뿐이다.

　아무튼, 본 〈한시 백선〉의 품격은 독자 제현들께서 판단할 몫이겠으나, 앞으로 기회 있는 대로 한시에 조금이나마 관심이 있는 초보자들을 위하여 각 한자의 평측은 물론 독음까지 달고, 각 시편마다 어려운 한자에 대한 풀이는 물론, 간간이 시율도 설명함으로써 누구나 좀 더 쉽게 한시에 접근할 수 있는 길잡이 한시집으로 다시 출간해 볼 생각임을 미리 밝혀 둔다. 아울러, 이 책의 각 시편마다 엄격한 한시의 염법은 말할 것도 없거니와 제반 시작법이나 시율 등에 어긋남이 없도록, 필자 나름대로의 최선을 다한 것으로 자부하고 싶다. 하긴, 파격적인 예술작품은 이론을 무시한다지만, 아무쪼록 한시 고수님들의 따끔한 일침을 기다리면서 정중히 두 손을 모은다.

서기 2020년 5월 29일
원 상 연

目 次

1. 五言絶句(오언절구)

鳥(새)	12
雪(눈)	14
雪嶽斷想(설악단상)	16
春遊(봄나들이)	18
獨樂(홀로 즐기며)	20
村景(시골 풍경)	22
吟(우연히 읊음)	24
中弄詩(취중농시)	26
老翁牢騷(늙은이의 넋두리)	28
自閒(절로 한가로워)	30
分斷悲歌(분단비가)	32
安養寶界(안양정토)	34
魍䰟禮讚(도깨빗국 예찬)	36
戀淸白吏(청백리를 그리며)	38
小望(작은 바람)	40
桃源境(별천지)	42
自顧(스스로를 돌아보며)	44
夢中(꿈속)	46
人生苦海(인생고해)	48
勸酒歌(권주가)	50
離散哀歡(이산애환)	52
餘暇善用(여가선용)	54
鰥讚(홀아비 예찬)	56
省察(자신을 돌아보며)	58

念春香(춘향을 생각하며)   60
唯我獨尊(천상처하 유아독존)   62
唯心造(일체유심조)   64

2. 五言律詩(오언율시)

謹愼(언행을 삼갈지니)   68
老境(늘그막에)   70

3. 七言絕句(칠언절구)

傾國四人幇(경국사인방)   74
冬柏祝祭卽興詩(동백축제 즉흥시)   76
江邊哀想(강변의 슬픈 생각)   78
東江(동강)   80
大悟(큰 깨달음)   82
孝(효)   84
狎鷗亭(압구정)   86
自足(스스로를 만족해하며)   88
滿船(만선)   90
落花巖(낙화암)   92
自適(유유자적)   94
戀三千浦港(삼천포항을 그리며)   96
午睡(낮잠)   98
春情(봄의 정취)   100
犬公之歎(개들의 탄식)   102
南國夜話(남국 얘기)   104
客愁(나그네 수심)   106
太平歌(태평가)   108
閑吟(한가로이 읊음)   110

思母歌(어머님을 그리는 노래)	112
解脫(해탈)	114
幻想(환상)	116
自嘆(스스로를 탄식하며)	118
樂園(낙원)	120
佛心(불심)	122
權不十年(권불십년)	124
獨居老人Ⅰ(독거노인Ⅰ)	126
娘子春情(낭자의 춘정)	128
望傘(여든을 바라보며)	130
登文筆峰(문필봉에 올라)	132
小姐(아가씨)	134
閒想(한가로운 생각)	136
端陽節(단옷날)	138
九龍瀑布(구룡폭포)	140
念伯牙(백아를 생각하며)	142
喫酒去(술이나 한잔하고 가게)	144
農心(농부의 마음)	146
救仁寺(구인사)	148
甲寺某夜(갑사의 어느 날 밤)	150
虛望(헛된 바람)	152
佛者求心(불제자의 구심)	154
勿慾(욕심부리지 마라)	156
愼言行(말과 행동을 삼갈지니)	158
太平歌(태평가)	160
自訓(스스로를 훈계하며)	162
寡恨(과수의 한)	164
佳日逢友(좋은 날 벗을 만나)	166
船上飮詠(선상에서 술 마시고 노래하며)	168
天氣(하늘의 기상)	170

障碍友(장애우)　　　　　　　　　　　172
　　白頭歎息(백발 탄식)　　　　　　　　174
　　咏自然(자연을 노래하며)　　　　　　176
　　百八煩惱(백팔번뇌)　　　　　　　　178
　　金剛素描(금강산 소묘)　　　　　　　180
　　戀心(그리운 마음)　　　　　　　　　182
　　坐忘(무아지경)　　　　　　　　　　184
　　思鄕(고향 생각)　　　　　　　　　　186
　　春夢(봄날의 꿈)　　　　　　　　　　188
　　狂世(미친 세상)　　　　　　　　　　190
　　賞春(봄을 즐기며)　　　　　　　　　192
　　無常(무상)　　　　　　　　　　　　194
　　獨居老人Ⅱ(독거노인Ⅱ)　　　　　　196
　　自遠朋來(멀리서 벗이 찾아와)　　　198
　　蜀都回顧(촉도를 회고하며)　　　　　200
　　金剛弄詩(금강산 농시)　　　　　　　202

4. 七言律詩(칠언율시)

　　三庚餘恨(삼복 여한)　　　　　　　　206
　　太宗臺(태종대)　　　　　　　　　　208
　　看鏡(거울을 보며)　　　　　　　　　210
　　望(큰 소망)　　　　　　　　　　　　212
　　忘憂(근심을 잊고)　　　　　　　　　214

5. 七言排律(칠언배율)

　　孺人牛公神位(유인우공신위)　　　　218

五言絶句

漢詩百選

새

두루미가 어찌 춤추는 걸 사양하며

꾀꼬리인들 어찌 노래하길 싫어하랴

자운은 달빛 아래 한가롭고

파랑새는 안개 속에 평화롭네

鳥

白鶴胡辭舞

黃鶯豈厭歌

紫雲䑏下穩

青鳥霧中和

눈

간밤에 차가운 눈이 흩날리더니

오늘 아침엔 하얀 눈꽃이 흐드러졌네

햇볕이 내리쬐면 흔적없이 사라질테지만

마음속 그리운 정은 더해만 가네

雪

昨夜揚寒雪

今朝滿白花

日照消滅跡

心裏戀情加

설악단상

없는 것이 없는 천불동 계곡이오

있을 건 다 갖춘 만경대로구나

취중에 와선대에서 노닐다가

깨고 보니 티끌세상과 마주치네

雪嶽斷想

無無千佛谷

有有萬景臺

酒醉臥仙遨

醒還俗界挾

봄나들이

잉어가 뛰면 늘상 비가 온다지만

잠자리가 높이 날아 날이 갤 터인즉

벗님네야! 술과 안주 두루 챙겨

복사꽃 동산에 꽃구경 즐기자꾸나

春 遊

鯉躍常遭雨
蜻翏必霽天
友兮肴酒備
桃苑賞花嗎

홀로 즐기며

가랑비에 온갖 꽃들이 미소를 짓고

찬 서리에 모든 잎들이 얼굴을 붉히네

취하고 노래하며 함께 절로 늙어 가니

덧없는 세상 무엇을 다시 근심하리오

獨　樂

細雨千花笑

寒霜萬葉羞

醉吟偕自老

塵世更何憂

시골 풍경

밥 짓는 저녁연기 노을 속에 춤을 추고

밭 가는 농부는 가랑비 속에 정겨운데

뭇 새들도 둥지로 돌아가 날개를 접으면

시골의 밤은 개 짖는 소리에 저물어가네

村　景

燁煙霞裏舞

機畯霎中情

衆鳥歸巢息

鄉宵暮吠聲

우연히 읊음

꽃봉오리는 떨어지면서도 말없이 미소 짓고

봉황새는 울면서도 격조 높게 춤을 추죠

정자에 올라 한가로이 달구경하다가

글귀 하나를 얻고 짧은 턱수염을 쓰다듬네

偶 吟

蕾落無言笑

凰鳴有格娑

登亭閒玩月

得句短鬚摩

취중농시

술안주 삼아 날계란을 먹었더니

뱃속에서 병아리되어 날갯짓하네

머잖아 알을 많이 낳게 되면

내 술값 걱정은 없을 터인즉

醉中弄詩

爲肴鷄卵食

腹裏化雛翾

不遠多生蛋

無憂俺杖錢

늙은이의 넋두리

지난해만 해도 홍안을 자랑터니

이제 와 보니 백발이 새롭구나

주머니는 줄어들고 궁상은 늘어가니

아서라, 동자야 술잔이나 채우려므나

老翁牢騷

客歲紅顏銜

今年白髮新

減囊增窘狀

算了滿觴伈

절로 한가로워

달이 밝아 임 만나기 좋고

산이 높아 별 따기 좋구나

취하여 노래하면 심혼이 넉넉

나른하여 누우면 육신도 흐뭇

自閒

月皎良逢侶

山高好摘星

醉歌心魄足

疲臥肉身寧

분단비가

철새들은 통행금지 구역이 없건만

같은 자손들끼리 영영 불통이라

남북이 어찌 이 지경까지 이르러

장탄식하며 눈물 뿌리는 노옹이여

分斷悲歌

候鳥無行禁

同根永不通

南北何至此

長歎涕流翁

안양보계

자비는 만복의 근원이 되고

탐욕은 모든 재앙의 씨앗이 되느니

선을 쌓아 사바세계를 정화하면

연화불국으로 창성하리라

安養寶界

慈悲根萬福

貪慾籽千殃

積善娑婆淨

蓮華佛國昌

도깨빗국 예찬

한약은 장복을 하는 게 좋듯이

술 역시 꾸준히 마시는 게 좋다네

술잔을 높이 들고 축배할지니

우리들의 건강과 평안을 위하여

魍羹禮讚

漢藥良長服

黃湯好續餐

酒杯高舉祝

吾輩爲建安

청백리를 그리며

꽃이 시들면 나비와 나나니들도 떠나듯이

벼슬이 떨어지면 민심도 떠난다는 것을

삼척동자들도 다 아는 사실이건만

오직 그대들만 헤아리지 못하니 안타깝구나

戀清白吏

蓓凋離蝶螺

官墜脫民心

幼者皆知事

但君惜不斟

작은 바람

하고 싶은 일은 기린 목처럼 길고

남은 생은 사슴 꼬리보다 짧은데

장님이 꽃씨 뿌리는 마음으로

길손처럼 머물다 구름처럼 떠나가리

小 望

欲事長麟頸

餘生短鹿麀

瞽心花籽播

留旅若雲離

도원경

저녁 구름은 달을 흘려 보내고

아침 안개는 산봉우리를 받들어 띄워

깊은 산 속 폭포 아래에서

물소리 새소리에 가슴 펴고 노래하네

桃源境

暮雲流送月

朝霧捧浮峰

瀑下深山裏

颯咬詠展胸

스스로를 돌아보며

배고픈 사자가 토끼라고 그냥 놓아주며

목마른 과객이 목롯집을 바로 지나치랴

한바탕 꿈같은 인생살이

한가롭고 넉넉하게 즐기며 살아가세

自 顧

飢獅虛放兔

渴客直過壚

若夢人生事

閒裕活足娛

꿈 속

잠자리는 잠에 빠져 평온하더니

베짱이는 베 짜느라고 요란하네

먹고 마시고 거나하게 취하여 누웠으니

그리운 임 꿈속에서나 만나려나

夢中

蜻蛉淪睡穩

絡緯織麻騷

食飲陶然臥

懷娘夢裏遭

인생고해

해바라기는 폭염 속에서도 피어나고

동백꽃은 눈 속에서도 불타고 있는데

가시밭길이 비록 힘들고 험할지라도

파도를 넘고 나면 낙원이 기다린다네

人生苦海

夏葵炎裏發

冬柏雪中燃

棘路雖艱險

超波待樂園

권주가

만 가지 술은 근심을 잊는 약이라

정성을 다해 가득 찬 술잔을 권하노니

건강을 위하여 장복을 하다 보면

천수를 누릴 테니 경사가 아니겠는가

勸酒歌

萬酒忘憂藥

眞誠勸滿觴

爲健長腹後

千壽享非慶

이산의 애환

은행나무도 마주해야 열매를 맺는데

북쪽 낭자 남쪽 도련님은 어이할거나

제비와 기러기처럼 서로 만날 수 없어

부용꽃 바라보며 두 가슴만 어루만지네

離散哀歡

杏迎爲結實

南女北男何

燕雁無相遇

看蓉兩臆摩

여가 선용

장기 바둑을 신선놀음이라고들 하지만

내리 지고도 웃는 사람 드물다네

여가를 즐긴다는 조사들께 이르노니

목숨이 걸렸노라, 그대들의 낚싯줄 끝에는

餘暇善用

博奕稱仙戲

連輸罕笑人

湛閒云釣士

掛命汝端緡

홀아비 예찬

마누라 잔소리가 장맛비처럼 지겹고

자식들 걱정에 귀신처럼 말라가는데

악한 첩도 빈 방보다 낫다고 했으나

홀아비의 편안함을 몰랐던 게 탈이로고

鰥 讚

嫡詁如霖厭

孥憂若鬼贏

勝空房惡妾

安鰥頇無知

스스로를 돌아보며

골바람은 새그물을 피하지 않으며

시냇물도 물굽이를 탓하지 않는데

예순 나이에 가정도 다스리지 못했으니

뭣을 찾으려고 누굴 원망하며 슬퍼하리오

省　察

谷風非避尉

溪水不尤隈

耳順齊家未

何探孰怨哀

춘향을 생각하며

제비나 꽃들의 미태도 묘사할 수 있고

조비연 양귀비의 요염한 얼굴도 그리지만

대쪽 같은 춘향의의 굳은 절개는

누가 어떻게 그려내어 기릴 수 있을는지

念春香

燕花描美態

趙楊寫妖容

若竹成貞節

誰奚表露頌

유아독존

군자가 말이 없다고 어찌 뜻이 없다 할 것이며

나뭇잎이 조용하다고 어찌 바람이 없다 하겠는가

자신만 귀하고 타인은 천한 것이 아니라

너나없이 다 존귀한 것이니 불성통이라네

唯我獨尊

君噇惡莫志

葉靜豈無風

自貴非他賤

皆尊佛性通

일체유심조

술의 성인 두보가 술의 종류를 가리며

시의 신선 이태백이 시의 평측을 따지랴

천당이나 지옥도 이와 다를 바 없거늘

만사가 오직 마음에서 이루어지는 거라오

唯心造

酒聖掄清濁

詩仙揀仄平

天堂同地獄

萬事但心成

五言律詩

2

漢詩百選

언행을 삼갈지니

곡식의 근원은 뿌리는 종자 따라 나뉘고

사람의 성품은 가하는 채찍 따라 달라진다지만

도적의 후예라고 해서 다 도둑이 되는 것도 아니오

공자 후손이래서 다 현인이 되는 것도 아닌 것을

여름 연꽃은 진흙탕 속에서도 고결하고

겨울 국화꽃은 찬 눈 속에서도 곱기만 한데

귀하고 천함을 섣불리 논하지 말지니

속세의 인연을 그 뉘가 알리오

謹 愼

穀源分播籽　人品別加鞭

跖裔皆非盜　丘孫總不賢

夏蓉泥裡潔　冬菊雪中鮮

貴賤毋輕論　誰知塵世緣

늘그막에

부모님 은혜로 이 세상에 태어나

가시밭길 덧없는 인생을 노래하네

여름 그늘 밑에선 낮잠을 즐기고

겨울 햇볕에선 옛 정을 그리워하네

눈이 어두워 '烏'를 '鳥'로 잘못 보고

귀 어두워 '죽'을 '국'으로 잘못 들어도

세상의 잡다한 일이야 한바탕 꿈이라

근심 잊고 홀로 술잔을 기울이네

◆ 2018년 第14回 韓國佛敎文學 新人文學賞 漢詩부문 審査評 ◆
受賞作 - 원상연의 7言 絶句 '大悟'외 5편

　　수상자 원상연은 동국대학교 漢文아카데미 基礎過程과 深化과정, 經典硏究과정을 거치고, 儒敎經典을 연구해온 成均館 典敎이기도하다. 학부전공은 英文學이지만, 직업은 컴퓨터를 基盤으로 하는 通信保安 업체에 근무하는 才媛이다. 그동안 漢詩白日場과 義兵文學賞을 수상하는 등 남다른 履歷으로 주목을 받아왔는데, 이번 14회 佛敎文學賞 신인부문에 五言絶句와 五言 律詩, 七言絶句와 七言 律詩, 七言排律 1편 등 50여 편을 응모하였다. 심사결과 五言絶句 '獨樂(홀로 즐기며)'외 1편 七言絶句에서 '大悟(큰 깨달음)'외 2편을 受賞作으로 선정하였다. 한시는 直譯으로 풀이하기도하고 意譯을 풀이하기도 하지만, 圖書로 엮을 시에는 엄격한 한시의 念法에 어긋남이 없도록 하길 바란다.

심사위원장: 대 우(내장사 벽련선원장: 시조시인), 이극래(문인협회자문위원: 시인)
　　　　　혜 총(조계종 전 포교원장: 시조시인), 경 암(시조시인)
　　　　　곽영석(청불련사무총장: 희곡작가)

老 境

親恩現此世　棘路詠浮生

夏蔭耽午睡　冬陽戀舊情

眼昏烏視鳥　聲聵粥聞羹

俗事邯鄲夢　忘愁獨盞傾

3

七言絶句

漢詩百選

경국사인방

왕소군의 화사한 얼굴도 오랑캐의 첩으로 죽었으며

양귀비의 외로운 넋도 마외파에서 떠돌고 있는 것을

서시는 월나라를 위하여 몸과 마음을 다 바쳤으며

초선 또한 희생양이 되어 한나라의 부활을 기원했다오

傾國四人幫

落雁華容狄妾歸

羞花獨魄馬嵬飛

沈魚爲越心身獻

閉月犧己活漢祈

동백축제 즉흥시

울긋불긋 꽃봉오리는 낭자들의 자태를 시샘하고

아롱다롱 치마저고리 더먹머리들 눈을 치뜨게 하네

진짜 꽃을 분별하지 못해 꿈속을 헤매다가

새 소리에 놀라 깨어 문득 시 한 수를 읊노라

冬柏祝祭卽興詩

黃靑蓓蕾妁娘姿

眩亂裳襦聳竪眉

未辨眞花徨夢裏

驚醒鳥囀忽吟詩

강변 애상

반월성 둑길에 반월이 뜨고

낙화암 강물엔 낙화가 흐르는데

백제 말의 슬픈 사연 누가 능히 알리오만

안개 속 선승은 홀로 시름에 잠겼구려

江邊哀想

半月城堤半月浮

落花巖水落花流

悲談濟末誰能識

霧裡禪僧獨浸愁

동 강

민첩한 제비들은 먹이 찾아 빗속을 헤매고

한가한 어옹은 낚싯줄 던져둔 채 꿈속을 헤매는데

김삿갓 이백 두보는 이미 저승객이 되었으니

누구와 함께 노래하며 뉘에게 술잔을 권할거나

東 江

敏燕探蟲雨裡彷

閒翁擲釣夢中徨

蘭皐李杜旡瞑客

與孰吟詩誰勸觴

큰 깨달음

움푹 팬 발바닥 보고 지구가 둥글다는 걸 알고

술단지를 비운 쾌음에 하늘이 작다는 것도 알았네

묘한 진리 깊이 깨우쳐 공자도 부러울 것 없으니

동자야 술잔 가득 채워라 책거리하자꾸나

大　悟

陷跖詳觀圓地認

虛樽快飲矮天知

深醒妙理丘無羨

滿盞侲童冊禮施

효

단풍이 곱고 화려한들 가을 들녘보다 아름다우며

푸른 바다 깊고 넓다 해도 어머님 은혜에 비할손가

죽은 후에 호화로운 무덤 아무 소용이 없고

생전에 혼정신성하는 것이 효행의 근본인 것을

孝

丹楓郁郁美秋原

碧海汪汪比母恩

死後華墳無所用

生前定省孝行元

압구정

권력을 휘둘러 매관매직하며 사직을 어지럽히고

쫓겨나서도 위엄을 과시하며 강호를 더럽히더니

정자도 갈매기도 흔적 없이 빈터만 홀로 남아

가랑비 속 어옹도 뱃머리를 돌려 노 저어 가네

狎鷗亭

賣職揮權危社稷

誇威退座穢江湖

亭鷗絕迹孤遺址

霖裡漁翁搒轉艫

스스로 만족해하며

지난 밤 광풍에 풍경 소리 요란터니

오늘 아침 폭설에 눈꽃이 활짝

벗이 술을 안고 오자 때맞춰 달 떠오르니

어찌 진시황이 부러우랴 술잔이 넘치는데

自 足

昨夜狂風風磬擾

今朝暴雪雪花開

朋來抱酒衹浮月

豈羨秦皇滿溢杯

만 선

구름 개고 안개 걷혀 조각배 띄워 노래하며

물결 잠잠 낚싯줄 드리운 채 별을 불러 대작하네

오늘 밤 어황이 어떻더냐고 그대여 묻지 마오

돌아오는 뱃전에 망태기는 홀쭉 빈 술병만 가득

滿　船

雲晴散霧詠浮舲

浪靜垂緡酌喚星

此夜漁何君勿問

歸舷餓網滿空瓶

낙화암

죄는 강산에 있지 의자왕 탓이 아니라고

탄식하며 읊은 정회 이제사 겨우 알겠노라

삼천 궁녀 한 많은 넋은 어디로 사라지고

고란사 저녁 종소리에 새매들만 울며 가네

落花巖

罪有江山不義慈

情懷詠嘆僅今知

三千恨魄消何處

晚鍈皐蘭泣往鵝

유유자적

얼굴주름 백발은 거머리처럼 들러붙고

사지 육신과 등뼈는 활처럼 휘어가니

천년을 살자 해도 모두가 헛된 꿈

풍월이나 읊어 가며 물같이 흘러가리

自 適

面皺頭霜如蛭着

肢肉脊骨似弓橣

千年欲活皆虛夢

玩月吟諷若水流

삼천포항을 그리며

한려수도 푸른 파도 백로들이 너울거리고

선진리 초록 뜰엔 벚꽃이 활짝 피었을 텐데

가는 세월 오는 백발 부평 같은 나그네 되어

팔순 노모 고향 생각에 새벽달이 기우네

戀三千浦港

水路蒼波興舞鶄

船津綠苑滿開櫻

來霜往歲如萍客

耄母思鄉曉月傾

낮 잠

새들이 노래하고 꽃들이 손짓하여 대문을 나와

삽살개 앞세우고 그림자 뒤 세워 도원경엘 들렀다가

마신 술이 시를 내몰아 도연명이 된 줄 알았는데

잠꼬대에 놀라 꿈을 깨니 베잠방이가 이슬에 흠뻑

午　睡

啭鳥招花出篳門

先尨後影入桃源

驅詩喫酒爲潛識

醒夢驚唸露浸裩

봄의 정취

높이 매달린 달을 따다 규방에 걸고

멀리 흩어진 구름 거둬 잠자리 꾸몄는데

야속한 수탉이여, 새벽을 재촉 마오

서리서리 얽힌 정회 임과 함께 풀리라

春 情

高浮摘月掛閨房

遠散收雲扮寢牀

野俗雄鷄晨勿促

情懷萬端解偕郎

개들의 탄식

우리들은 집 지키는 것이 당연한 본분이지만

손님 주인 모두 양상군자라 짖을 수가 없다오

직무와 먹여주는 은정도 하나같이 막중하니

차라리 눈먼 벙어리되어 죽은 듯이 지내리라

犬公之歎

吾曹本分守家應

客主梁君吠不能

職務恩情皆莫重

寧爲瘖啞過如薨

남국 야화

야자수 그늘 아래 벗과 함께 저녁놀 바라보며

권커니 잣거니 통음에 물새들도 춤추는데

박주라 사양 말고 안주 탓 하지 마오

술잔 속에 절로 노니는 향이면 족한 것을

南國野話

椰床與友暮霞睋

痛飲相酬海鳥娑

薄酒毋辭肴勿咎

杯中自泳足姮娥

나그네의 수심

여우나 곰도 다급해지면 도망갈 언덕이 있고

참새, 까치도 어두워지면 쉴 둥지가 있건만

술 취하고 나도 취해 천지가 취했는데

주머니 빈 나그넷길 이 밤을 어이할꼬

客 愁

狐熊處殆有逃坡

雀鵲爲暝備歇窠

酒醉吾然天地醉

空囊旅路此宵何

태평가

벗님 오자 달 떠올라 몸소 서둘러 술 거르고

이웃 불러 권커니 잣거니 웃음꽃 풍년일세

몸과 마음 안락하니 온갖 근심 사라지고

춤과 노래가 흐드러지니 만사가 형통일세

太平歌

月笙朋來急滑躬

招隣對酌笑花豐

心身樂樂千憂盡

舞詠津津萬事通

한가로이 읊음

봄바람 산들산들 낭자 마음 두근두근

여름비 부슬부슬 술 생각이 새록새록

사슴 폴짝 뻐꾹새 뻐꾹 예가 바로 극락인데

뜨고 지는 해와 달에 백발만 늘어가네

閒　吟

春風嫋嫋娘心悸

夏霎霏霏酒思興

躍鹿鳴鳲安養此

浮傾日月首霜增

어머님을 그리는 노래

종달새 높이 날면 맑은 하늘이 계속되고

매화꽃이 일찍 피면 풍년이 된다지만

시골 계신 노모께선 강녕하신지 걱정되어

비둘기 불러 문후드리고 눈물 뿌리며 한숨짓네

思母歌

鸒鳥高飛續快天

梅花早發作豐年

鄉村老母憂康寧

問候呼鳩喟淚濺

해 탈

달 밝아 등불 졸고 풀벌레도 마냥 노래하는데

다락 높아 부채 접으니 바람이 절로 바쁘구나

거문고 소리 흥겨운 춤에 밤은 더욱 무르익고

오가는 술잔 속에 늙은이 시름 사라지네

解　脫

月晟睡燈快咏蟲

樓高撲扇自忙風

琴聲興舞尤濃夜

去酒來觴解恙翁

환 상

시를 쓰면 시선 이태백이 멀리 도망가고

붓을 들면 서성 왕희지가 몹시 부끄러워하리

마음이야 여러 현인들과 죽림에서 노닐건만

배움 없고 무지하여 꿈속을 헤매는구나

幻　想

創詩遠走詩仙白

舉筆深羞書聖王

復案諸賢遊竹林

無知淺學夢中徨

스스로를 탄식하며

안개 속의 청룡이 단비를 얻지 못하고

숲속의 호랑이가 바람을 만나지 못한 채

할 일은 태산 같고 몸은 점점 늙어가는데

세월을 새끼줄로 묶어도 날 기다려주질 않네

自 嘆

霧裡青龍無得雨

林間猛虎未逢風

崑崙欲事身漸老

索縛春秋不待翁

낙 원

산 구름이 봉우리를 짓눌러도 무겁다 하지 않고

폭포수가 바위를 짓찧어도 아프다 하지 않네

깊은 산 누옥에서 속세를 멀리 벗어나

노루 뛰놀고 새들 지저귀는 예가 바로 무릉도원

樂　園

山雲押嶺重無論

瀑水舂巖痛不言

陋屋深山遙脫俗

跳獐詠鳥是桃源

불 심

향긋한 꽃은 청하지 않아도 벌 나비들이 오가며

빼어난 경관은 말이 없어도 묵객들이 모여드는데

속세의 하찮은 이득에도 사활을 걸지만

어리석은 무리들은 오온이 '공' 임을 깨닫지 못하네

佛 心

香花不請蝶蜂通

秀景無言墨客叢

薄利娑婆懸死活

愚群不覺五蘊空

권불십년

혹 숱한 권력을 쥔들 어떻게 물려줄 수 있으며

비록 온갖 부를 가진들 얼마나 안고 가겠는가

빈 주먹으로 왔다가 수의 한 벌로 끝낼 것을

산은 산이요 물은 물이라 불심으로 귀의하세

權不十年

千權或執何傳嗣

萬富雖持幾抱歸

出世空拳終一褳

山山水水佛心依

독거노인 Ⅰ

원숭이도 새끼가 죽으면 가슴에 안고 다니며

거미도 알을 까면 어미 몸을 바쳐 기른다는데

부모 버린 자식들은 탈없이 살아가고 있으니

천륜은 사라지고 늙으면 팽당하는 세상이로고

獨居老人 I

猿類妖孩抱臆行

蛛種孵卵養躬牲

棄親息輩生無頇

絕迹天倫世老烹

낭자의 춘정

왕개구리 개굴개굴 여름밤이 깊어가고

길조 까치 까악까악 백마 탄 임 오시려나

진종일 문설주에 기대어 동구 밖 바라보다

동산에 달 떠오르면 임 찾아 나서려나

娘子春情

王蛙閣閣夏宵深

喜鵲楂楂馬客臨

盡日憑桭瞻洞外

東山月筜出郎尋

여든을 바라보며

세세연년 해마다 백발은 늘어가고

시시각각 세월 따라 홍안은 사라지니

허허실실도 좋으나 헛된 욕심 버리고

시시비비도 좋으나 과한 고집도 삼갈지니

望 傘

歲歲年年增白髮

時時刻刻盡紅顏

虛虛實實拋貪慾

是是非非愼過頑

※ '㐂(八十)'은 '傘'의 약자, '伞'은 '傘'의 간자.

문필봉에 올라

돌덩이 같은 번뇌 안고 문필봉에 성큼 올라

수정 같은 달을 이고 공손히 합장한 채

조용히 가부좌 참선 삼매경에 빠졌는데

은은한 새벽 종소리가 속세 어둠 걷어내네

登文筆峰

懷煩若磊爽登峰

戴月如晶合掌恭

靜浸趺禪三昧境

娑婆暗斂隱晨鐘

아가씨

물총새 원앙새 쌍쌍이들 춤을 추고

견우직녀는 칠월칠석 오작교에서 만나는데

검은 머리 꽃다운 아가씨 몸단장 곱게 하더니

장미꽃 꺾어 물고 홀로 얼굴 붉히네

小 姐

鴛鴦翡翠雙雙舞

織女牽牛七七逢

黑髮芳娘粧美麗

薔薇折咬獨顏彤

한가로운 생각

온갖 꽃 푸른 화초 아지랑이 아롱아롱

십릿길 백사장에 갈매기 끼룩끼룩

길게 남긴 발자국도 물결에 씻겨가듯

인간사도 이처럼 세월 따라 흘러가네

閒　想

千花綠草濛濛靄

十里金沙嘎嘎鷗

足跡長遺浪去洗

無違俗事歲從流

단옷날

그네 뛰는 아리따운 낭자 붉은 치마 춤을 추고

씨름판의 젊은 사내들은 늙은 곰처럼 헐떡이네

창포꽃으로 머리 감고 손톱을 곱게 물들이며

흥에 겨운 노랫소리에 단옷날이 저물어간다

端陽節

鞦韆艷姐舞紅裳

角戲青男喘老熊

洗髮蒲花妍染爪

歌聲滿興暮端陽

구룡폭포

쏟아지는 폭포수는 은하수가 기운 듯싶고

붉게 물든 단풍림은 무릉도원을 옮겨온 듯

속세 떠난 깊은 계곡에서 잠시 근심을 잊었다가

환속하는 무거운 발길을 동자승이 붙드네

九龍瀑布

飛流瀑布傾銀漢

紫染楓林徙武陵

脫俗深溪忘暫恙

歸塵重步執童僧

백아를 생각하며

꾀꼬리 노래, 나비들 춤에 탄현하면 족한 것을

백아는 누구이기에 스스로를 즐기지 못했던고

지음이란 있으면 좋고 없어도 그만이라

달빛 영롱한 야밤에 홀로 거문고를 당긴다

念伯牙

鶯歌蝶舞足彈絃

伯牙何人未自嗎

有好知音無不問

膑胗夜半獨琴牽

술이나 한잔하고 가게

백조는 목이 길어도 제대로 울지 못하고

황계는 날개가 있어도 높이 날지 못하네

인간만사도 그렇고 그런 세상이라

헛된 욕심 떨치고 불법으로 귀의하세

喫酒去

白鳥長咽不爽歎

黃鷄有翼未高飛

人間每事然然世

拂棄虛貪佛法歸

농부의 마음

개미가 둑을 쌓으면 모름지기 비가 오고

종달새가 높이 날면 필히 하늘이 갠다네

논밭 갈고 씨 뿌린 황금빛 들판에서

곰방대 길게 물고 배꼽 치며 싱글벙글

農 心

築堰多蟻須降雨

蓼空眾鸚必天雩

耕田播種黃金野

短竹長咬笑鼓臍

구인사

밤낮으로 밭 갈고 참선하는 안개 낀 소백산에

남모르는 사연 가슴에 안고 구름처럼 모여드네

부처님 보살 연호하며 삼매경에 빠져들어

기도 소리 높아가는데 어느덧 동트는 새벽

救仁寺

夙夜耕禪小白雰

懷胸秘事聚如雲

連呼佛薩淪三昧

誓願聲高忽瞳昕

갑사의 어느 날 밤

계룡산에 해가 지고 산골의 밤이 깊어

갑사의 석등도 졸고 귀뚜리 소리도 목이 멘다

중생의 팔고 번뇌 냉큼 떨쳐버리지 못하고

잠 못 들어 뒤척이다 새벽 종소리에 한숨짓네

甲寺某夜

鷄龍日暮深山夜

甲寺眈燈咽蛩聲

八苦塵勞爽未拂

忘眠輾轉喟晨鑵

헛된 바람

간밤 꿈속에서 고운 낭자와 노닥거리더니

새벽 까치 요란하여 헛된 생각만 오락가락

적막한 계룡산에 찾아 줄 이 없건만

이슬비 젖은 두멧길을 남몰래 힐끔힐끔

虛 望

前宵夢裏戲鮮姬

曉鵲騷鳴踍妄思

脫俗鷄龍無訪客

霶溦峽路密頻窺

불제자의 구심

제비나 두견새가 어찌 눈마을의 아름다움을 알며

메뚜기 귀뚜라미가 어찌 봄빛의 너그러움을 알랴만

영산의 옥 같은 물에 속세의 때를 씻고

공손히 꿇어앉아 간절히 기도하며 좌망에 든다

佛者求心

燕塢安知美雪鄉

蛩螿豈識綽春光

靈山玉水淨塵垢

懇禱恭趺沒坐忘

욕심부리지 마라

노루 쫓는 사나운 범은 토끼를 노리지 않고

부처님 모시는 선승은 도를 탐하지 않는다오

한정된 수명에 갈길은 멀고 할일도 많지만

속세의 티끌 같은 몸이 뭘 찾아 허덕이는고

勿慾

追獐猛虎兔無眈

奉佛禪僧道不貪

壽限途遙多欲事

塵軀俗界喘何探

언행을 삼갈지니

청산에 나비들이 꿀을 찾아 헤매듯이

속세의 중생들은 재물에 눈 멀어 허덕이네

향기 속에 독이 있는 법이니 사물을 명심하되

헛된 욕심 버리고 수신하며 불심을 기르세

慎言行

青山蝶蝶徊探密

俗世人人喘瞎財

有毒香中銘四勿

修身棄慾佛心栽

태평가

두견화 지고 무궁화 피더니 국화꽃 다시 피고

두루미 가고 제비 오더니 기러기 다시 돌아오니

기쁘면 즐기고 슬프면 울며 달을 보고 탄식해도

졸리면 자고 목마르면 술 마시며 대에 올라 흥얼흥얼

太平歌

凋鵑發蕣菊又開

往鶴來鴯再鴈回

樂樂鳴悲嗟望月

眠眠飲渴詠登臺

스스로를 훈계하며

자라 걸음으로 빠르고 교활한 토끼를 쫓을 수 있으며

개구리 머리로 푸르고 넓은 해양을 알 수 있으리오만

현명하고 어리석고 귀하고 천함도 남 탓이 아닐진대

수신과 면학에 힘쓰면 무식을 면할 수 있는 것을

自 訓

鼈步何追敏狡兔

蛙頭豈認碧恢洋

賢愚貴賤非他過

勉學修身免面墻

과부의 한

은행나무도 서로 마주쳐 결실을 보게 되고

원앙새도 짝 지어 부리 맞대고 재잘거리는데

독수공방 고독한 이 밤을 어이할거나

문고리 벗겨 놓고 발소리에 가슴만 태우네

寡 恨

杏木相挾看結實

鴛鴦作伴對噦嚶

空房獨守何孤夜

脫解門環懆足聲

좋은 날 벗을 만나

수줍음 머금은 아가씨 얼굴 여름 노을보다 곱고

자줏빛으로 물든 가을 단풍은 봄꽃보다 아름다워

옛친구와 어깨동무로 벚꽃 동산에서 노닐다가

밤을 잊은 권커니 잣거니에 보름달이 기우네

佳日逢友

姐貌含羞麗夏霞

秋楓染紫美春花

齊肩故舊遊櫻苑

忘夜交觴滿月斜

선상에서 술 마시고 노래하며

백로가 끼룩끼룩 싱싱한 청어들 꾀임에

푸른 파도 넘실넘실 낚싯배 띄워놓고

취해서 다리 뻗는 이곳이 바로 극락인데

신선주를 마셨으니 신령이라도 만나려나

船上飲詠

關關白鷺誘鮮鯖

漾漾青波泛釣舲

大醉伸肢當寶界

神仙酒飲遇神靈

하늘의 기상

석양녘에 무지개가 뜨면 가뭄 들 징조요

늦은 봄에 눈이 오면 흉년될 조짐이니라

지루한 장마는 늙은 처의 잔소리처럼 지겨운데

서울 사람들은 비만 오면 풍년인 줄 안다네

天　氣

暮頃浮霓兆旱年

遲春降雪朕凶年

長霖老婦惓如詁

京人降雨識豐年

장애우

청풍은 손이 없어도 아리따운 장미를 어루만지고

녹수는 지느러미가 없어도 먼 바다에 이르는데

그댄 어찌 사지를 갖추고도 마음과 달리 움직이는고

건장하게 환생하길 삼신께 간절히 기원하노라

障碍友

清風莫手撫嬌牆

綠水無鰭至遠洋

豈汝俱肢心逆動

三神懇願再生強

백발 탄식

산발에 바지 저고릿바람으로 눈꽃 구경하렸더니

허수아비로 잘못 알고 갈까마귀가 정수리를 맴도네

불경에도 이르기를 오온이 모두 공이라 했거늘

황천길 비단 수의에 주머니 없음을 탄식하랴

白頭歎息

散髮：孺玩雪花

傀人錯認頂旋鴉

經稱五蘊皆空也

錦襚歸泉莫褚嗟

자연을 노래하며

깊은 산 푸른 나무들을 병풍처럼 둘러치고

숲속 초막집에 춤추는 개똥벌레를 즐기면서

달빛 아래 시냇가에서 버들피리 꺾어 불며

풍운이 주는 교훈을 가슴에 새기며 지내리라

詠自然

深山綠樹邈如屏

草幕林間樂舞螢

月下溪邊吹柳笛

風雲教義過胸銘

백팔 번뇌

백팔번뇌 잊으려고 백팔 배를 하다 보니

근심걱정 다 떨치고 나면 무슨 정으로 살까 싶어

매미는 노래하고 개미는 일하는 게 천명이라

세상 근심 안고 간다 새벽 종소리 뒤로 하고

百八煩惱

百八煩忘百八行

忡憂總拂活何情

禪歌蟻拮天生運

去抱塵愁後曉鍠

금강산 소묘

기기묘묘한 산상 바위들은 하늘을 찌를 듯하고

형형색색 단풍나무는 온 산을 뒤덮으니

웅장한 폭포 기화요초 무릉도원의 풍치라

소동파도 금강산을 한번 보길 원했다오

金剛素描

奇奇妙妙硌天衝

色色形形槭岳穠

壯瀑琪花仙界景

東坡一見願金剛

그리운 마음

멀리 개 짖는 소리에 그리운 임인가 기다리며

십오야 깊은 밤에 아가씨 가슴 설레는데

길 어두워 발길 돌리셨나 정이 멀어 그러셨나

켜켜이 쌓인 그리움 찬 서리가 야속구나

戀　心

隱聞狺聲待戀郎

三更十五臆恍娘

回歸路暗然情遠

積念層層惜冷霜

무아지경

길 잃은 나를 찾아 꿈속을 헤매다가

거울 속에서 얼굴 보고 속내는 찾을 수 없네

이렇든 저렇든 내가 나임은 알겠으나

몸과 마음 할 것 없이 정녕 내 것은 없는 것을

坐 忘

失路尋吾迷夢中

觀容鏡裡不探衷

如何彼此吾知己

不問心身我物空

고향생각

버들피리 꺾어 불며 매미 잡고 놀던 고향

뒷동산 두견새 소리 지금도 들려올 텐데

이 몸은 어찌타 나그네 신세가 되어

사창가에 홀로 누워 베갯머리 적시는고

思 鄉

柳笛折吹戲捕蟬

鵑聲後苑聞如前

吾身意外羈身世

獨臥紗窗濕枕邊

봄날의 꿈

강태공은 곧은 바늘로 명성과 주 문왕을 낚았으나

나(珉)는 굽은 갈고리로 달과 항아를 건져 내어

외딴 정자에 마주 앉아 풍월을 즐기다가

새벽닭 소리에 꿈을 깨어 가슴 펴고 기지개 켠다

春 夢

尚釣直針名與主

珉撈曲丨月偕姮

孤亭對坐樂風月

寤夢晨鷄胛展膺

미친 세상

고관들은 그릇된 사상으로 정경계를 어지럽히고

재벌들은 권력에 빌붙어 법과 제도를 흐리는데

순임금과 요임금은 벙어리되어 말이 없고

조조와 도적들만 박쥐되어 떠들고들 있구나

狂 世

高官誤念政經煩

巨富凭權法度渾

大舜帝堯爲啞䛂

曹操盜跖化蝙喧

봄을 즐기며

나비 부르고 꾀꼬리 불러 꽃 그림자 펼쳐놓고

노을 지고 달 떠올라 산천경개를 즐기다가

나도 취하고 술도 취해 누가 정녕 취한 건지

마귀에게 물었더니 머리 내젓고 줄행랑치더라

賞 春

喚蝶招櫻花影展

消霞笙月景觀娛

吾醄酒酩誰眞醉

問鬼搖頭急急逋

무 상

하늘을 나는 작은 새도 먹이를 노리지만

면학하는 참 선비는 명예를 탐치 않는다오

세월은 짧고 할 일은 많아 갈 길이 멀어도

쇠잔한 몸 무딘 뇌로 '공'을 찾아 허덕인다

無 常

飛空小鳥餌爲眈

究學眞儒譽不貪

歲短据多行路遠

衰身鈍腦喘空探

독거노인 Ⅱ

미물인 까마귀도 반포하며 부모를 봉양하고

아이를 물으려던 효자 얘기에 옷깃을 여미지만

마누라 있는 처량한 '환'이요 자식 많은 '독'이라

노환에다 의지할 곳 없어도 연꽃처럼 살리라

獨居老人Ⅱ

反哺微烏親至奉

埋兒孝話斂襟俄

淒鰥有嫿多孥獨

老病無依活若荷

멀리서 벗이 찾아와

속세를 멀리 떠나 산에 기대어 살면서

물소리 새소리를 즐기는데 옛 벗이 찾아왔네

가난한 선비 집이라 아무것도 드릴 게 없으니

깊은 계곡 설경이나 가슴에 안고 가시게나

自遠朋來

相距俗界活山憑

獨樂渢嚶訪故朋

陋幕貧儒無贈物

深溪雪景去懷膺

촉도를 돌이켜 보며

와룡은 충의 사표로 후세에 이름을 남기고

유비는 진법을 어겨 대사를 그르쳤으나

대밭길 담장 지나 하늘이 내린 터에

임금과 신하를 함께 모셔 무후사라 하네

蜀都回顧

留名相亮仰忠師

誤事劉皇違陣規

竹路過墙天賜址

君臣合祀武侯祠

금강산 농시

폭포 이름은 구룡인데 용 없는 폭포요

산명은 금강산인데도 금강석도 없지만

하늘 동산이 어쩌다 속계로 떨어져

속인들을 홀연히 신선되게 하는고

金剛弄詩

瀑號九龍無龍瀑

山名金剛無金剛

天苑何奈墜俗界

塵人忽然爲神仙

※ 無韻 無簾 拗體 弄詩

4

七言律詩

漢詩百選

삼복여한

울타리 밑 개 팔자라며 칭찬인 듯 비웃어도

정월 대보름날엔 배곯는 게 연중행사라오

복날 빙자하고 개고기를 포식하며 다들 즐기지만

끼니를 잊고 찬서리 기약하며 사지는 말라 가고

아이들 놀이에 개밥그릇을 차 성할 날이 없으며

며느리 화풀이에 허리를 다쳐 편할 날이 드물어도

집 지키고 주인 섬기며 온갖 정성 다 바치건만

다들 개새끼라며 조롱하니 어찌 슬프지 않으리오

三更餘恨

藩邊狗運若稱詼
十五正初歲事飢
藉伏飫朕多衆樂
期霜忘飯四肢萎
童遊蹴盟無完日
婦火傷腰罕逸時
侍奉看家獻各悃
皆嘲犬子豈非悲

태종대

무열왕은 멀리 떠나고 다만 이름만 남아

옛 사연은 말없이 안개 속에 묻혔구나

대여섯 작은 섬은 선녀들이 갖고 놀던 공깃돌이요

늘리고 줄인 묘한 암벽들은 봉황들의 놀이터인가

푸른 구름은 형형색색 먼 하늘을 수놓고

백로는 유유히 바닷가를 감도는데

아득히 들려오는 뱃노래는 만선을 기약하고

배 떠나는 기적 소리 고향 생각에 눈물 짓네

太宗臺

春秋遠逝唯餘號
故事無言舞裡藏
五六微園仙石彈
增減妙壁鳳遊場
青雲種種遙空繡
白鳥悠悠近海翔
渺聞棹歌期滿艙
船離汽笛淚思鄉

거울을 보며

거울 속 마귀 얼굴 자네는 누구의 형상인고

주름살 백발 보기 싫어 혼비백산 눈을 감네

갈 건 가고 올 건 온다는 건 이미 아는 지식이요

살 건 살고 죽을 건 죽는 것도 일찍 깨달은 이치

천하 명의 화타 편작이 의술이 없어 죽었으며

초패왕 항우나 진시황이 나이가 과해 죽었던가

죽은 후의 석 잔 술이 무슨 소용 있겠는가

살아생전 한 잔 술이 좋다는 걸 잊지들 말게나

看 鏡

魔容鏡裡你誰形

厭看皺霜魄散瞑

去去來來知既習

生生死死理嘗醒

華陀扁鵲卒無術

項籍秦皇終過齡

死後三盃何所用

生前一盞絕好銘

큰 소망

평생의 간절한 소원으로 명작시를 남기쟀더니

얕은 식견 빈 머리에 홀로 가슴만 치네

차윤은 반딧불 모아 뜻을 펼쳤으니 흠모하고

손강은 눈빛으로 학문을 익혀 칭송한다오

수많은 별들이 비춘들 달빛을 당할 수 있으며

숱한 이무기가 소리친들 청룡을 당할 수 있으리오

자작한 모든 시를 하나로 섞어 만든다 해도

취한 이백 두보의 발꿈치에도 못 미치는 것을

大 望

通生懇願遺名作

淺識空頭獨打胸

車胤聚螢伸志慕

孫康映雪習文頌

千星照照何當月

萬蟒訇訇豈勝龍

自咏全詩編一混

陶然白杜踹無從

근심을 잊고

어리석은 중생들이 허욕으로 질시하고 다투지만

아침 이슬처럼 무상하고 짧은 나그넷길인 것을

재물에도 미혹되지 않고 책 읽기를 즐기며

요행도 바라지 않고 이름을 야수지도 않았노라.

'허리'와 '서리'를 잘못 들어 귀머거리와 다름없고

'壁'과 '璧'도 분간 못 하니 마치 장님과 같구나

포근한 봄날 개꿈처럼 한스럽고 아쉬운 인생

호숫가에서 달을 보며 홀로 술잔을 기울이네

忘 憂

虛貪憙衆嫉猜爭
草露無常短旅程
未惑錢財娛讀卷
非希倖運不眈名
腰霜誤聽無違聵
壁璧幻看類似盲
狗夢陽春生惋惜
湖邊望月獨觴傾

5

七言排律

漢詩百選

유인우공신위

열심히 밭 갈고 수레 끌며 성심껏 일하면서도
느리고 미련하다는 모욕도 감수하며 버틴다오
늘 인도의 소들을 동경하며 부러운 생각도 하고
이미 한우로 태어났다는 애석한 마음도 있지만
날마다 퇴비를 쌓아 농사 비용을 줄여 주고
때때로 송아지 낳아 학자금으로도 형통하지요
부잣집 아가씨 나이가 들수록 두려워지고
권문세가 도련님 과거 응시에 놀라기도 하지만
등청하는 맹 정승의 걸어다니는 가마가 되기도 하고
꼴 베는 아이들의 승마가 되어 다니기도 하지요
단옷날 씨름판에서는 장사들이 선망하는 상이 되고
해일 제사 선농단에선 풍년을 비는 희생물도 되지요
제후들이 채혈하면 서로 화합하는 맹약이 되고
사찰의 북이 되어 울리면 중생제도 소리가 되지요
호랑이를 만나면 주인을 위해 목숨 걸고 싸우며
우직하게 봉사하지만 끝내 우팽당하고 만다오

孺人牛公神位

佃勤輓輛拮据誠　　緩與頑云受侮撐
竺犢常憧爲羨思　　韓犝旣誕有哀情
蘊肥日日農資減　　產崽間間學費亨
富宅姑娘加齒蛋　　權門子弟應科驚
登廳孟相徒轎使　　割草童男乘馬行
角戲端陽貪壯賞　　先壇亥祭禱豐牲
君侯採血相和約　　寺刹鳴㯏衆濟聲
爲主逢菟懸命鬪　　愚忠奉仕卒當烹

漢詩100選

발 행 일	2020년 5월 29일
지 은 이	원상연
펴 낸 이	코레드디자인
	서울시 중구 을지로 16길 39 근화빌딩 4층
	T) 02-2266-0751~1 F) 02-2267-6020
전 자 우 편	fourthline@naver.com

ISBN 979-11-89931-13-1

값 12,000원